W0399303

I study

BWL-Grundlagen 6

100 Lernkarten zur Güterwirtschaft

Thomas Hering, Christian Toll

© UVK Verlagsgesellschaft mbH
Konstanz und München 2018

Druck: Prime Rate, Ungarn

UVK Verlagsgesellschaft mbH
Schützenstr. 24 • 78462 Konstanz • Tel. 07531-9053-0
Fax 07531-9053-98 • www.uvk.de

Das Werk einschließlich aller seiner Teile ist urheberrechtlich geschützt. Jede Verwertung außerhalb der engen Grenzen des Urheberrechtsgesetzes ist ohne Zustimmung des Verlages unzulässig und strafbar. Das gilt insbesondere für Vervielfältigungen, Übersetzungen, Mikroverfilmungen und die Einspeicherung und Verarbeitung in elektronischen Systemen.

ISBN 978-3-86764-858-5

Wirtschaften

Wirtschaften heißt

- ☐ irrationales Disponieren über knappe Ressourcen zur Bedürfnisbefriedigung.
- ☐ rationales Disponieren über knappe Ressourcen zur Bedürfnisbefriedigung.
- ☐ Vergeudung von knappen Ressourcen zur Bedürfnisbefriedigung.
- ☐ Vergeudung von nicht knappen Ressourcen zur Bedürfnisbefriedigung.

Wirtschaften

Wirtschaften heißt

- ☐ irrationales Disponieren über knappe Ressourcen zur Bedürfnisbefriedigung.
- ■ rationales Disponieren über knappe Ressourcen zur Bedürfnisbefriedigung.
- ☐ Vergeudung von knappen Ressourcen zur Bedürfnisbefriedigung.
- ☐ Vergeudung von nicht knappen Ressourcen zur Bedürfnisbefriedigung.

Wirtschaften

Welches Prinzip liegt wirtschaftlichem Verhalten zugrunde?

gewusst

Wirtschaften

Jedem Wirtschaften liegt das Prinzip der Nichtvergeudung (= Wirtschaftlichkeitsprinzip = ökonomisches Prinzip = Rationalprinzip) zugrunde. Wer Ressourcen im Exzess verbraucht oder sie nicht in der geschicktesten möglichen Weise ausnutzt, verringert ganz unnötig seinen Handlungsspielraum.

Wirtschaften

Ausprägungen des Wirtschaftlichkeitsprinzips sind

das Minimumprinzip,

?

gewusst

Wirtschaften

Ausprägungen des Wirtschaftlichkeitsprinzips sind

das Minimumprinzip,

das Maximumprinzip.

Wirtschaften

Betriebswirtschaftslehre ist cum grano salis nichts anderes als die Lehre vom „gesunden ____________________“, angewandt auf den Lebensausschnitt der Unternehmensführung. Sie lässt sich damit als ____________________ der Unternehmensführung interpretieren.

gewusst

Wirtschaften

Betriebswirtschaftslehre ist cum grano salis nichts anderes als die Lehre vom „gesunden Menschenverstand“, angewandt auf den Lebensausschnitt der Unternehmensführung. Sie lässt sich damit als Vernunftlehre der Unternehmensführung interpretieren.

gewusst

Unternehmensgründung

Ein Unternehmen stellt nach Gutenberg ein System von Produktionsfaktoren dar, welches auf den Prinzipien

der Wirtschaftlichkeit,

?,

der inneren und äußeren Autonomie

beruht.

gewusst

Unternehmensgründung

Ein Unternehmen stellt nach Gutenberg ein System von Produktionsfaktoren dar, welches auf den Prinzipien

der Wirtschaftlichkeit,

des finanziellen Gleichgewichts,

der inneren und äußeren Autonomie

beruht.

Unternehmensgründung

Nach Gutenberg handelt es sich bei einem Unternehmen um ein offenes, aber zugleich eigenständiges wirtschaftliches und soziales System, welches ________________ Aufgaben übernimmt.

Unternehmensgründung

Nach Gutenberg handelt es sich bei einem Unternehmen um ein offenes, aber zugleich eigenständiges wirtschaftliches und soziales System, welches produktive Aufgaben übernimmt.

gewusst

Unternehmensgründung

Wie werden die (Mit-)Eigentümer einer Gesellschaft mit beschränkter Haftung (GmbH) bezeichnet?

- ☐ Gesellschafter.
- ☐ Inhaber.
- ☐ Komplementäre, Kommanditisten.
- ☐ Aktionäre.

Unternehmensgründung

Wie werden die (Mit-)Eigentümer einer Gesellschaft mit beschränkter Haftung (GmbH) bezeichnet?

- ■ Gesellschafter.
- □ Inhaber.
- □ Komplementäre, Kommanditisten.
- □ Aktionäre.

□ gewusst

Unternehmensgründung

Die gesetzliche Grundlage für die Gesellschaft mit beschränkter Haftung findet sich im

- ☐ GmbH-Gesetz (GmbHG).
- ☐ Handelsgesetzbuch (HGB).
- ☐ Aktiengesetz (AktG).
- ☐ Partnerschaftsgesellschaftsgesetz (PartGG).

Unternehmensgründung

Die gesetzliche Grundlage für die Gesellschaft mit beschränkter Haftung findet sich im

- ■ GmbH-Gesetz (GmbHG).
- □ Handelsgesetzbuch (HGB).
- □ Aktiengesetz (AktG).
- □ Partnerschaftsgesellschaftsgesetz (PartGG).

Unternehmertum

Joseph A. Schumpeter sieht den Unternehmer primär als

- ☐ Kapitalgeber/Kapitalnutzer.
- ☐ Innovator.
- ☐ Oberaufseher/Kontrolleur.
- ☐ Empfänger des unternehmerischen Gewinns.
- ☐ Reputator.

gewusst ☐

Unternehmertum

Joseph A. Schumpeter sieht den Unternehmer primär als

- ☐ Kapitalgeber/Kapitalnutzer.
- ■ Innovator.
- ☐ Oberaufseher/Kontrolleur.
- ☐ Empfänger des unternehmerischen Gewinns.
- ☐ Reputator.

Unternehmertum

Der Schumpeter-Unternehmer entspricht seinem Wesen nach einem

- ☐ Träger von Unsicherheit.
- ☐ Koordinator.
- ☐ Arbitrageur.
- ☐ schöpferischen Zerstörer.

gewusst ☐

Unternehmertum

Der Schumpeter-Unternehmer entspricht seinem Wesen nach einem

- ☐ Träger von Unsicherheit.
- ☐ Koordinator.
- ☐ Arbitrageur.
- ■ schöpferischen Zerstörer.

Unternehmertum

Mark Casson sieht den Unternehmer primär als

- ☐ Träger von Unsicherheit.
- ☐ Innovator.
- ☐ Arbitrageur.
- ☐ Koordinator ökonomischer Ressourcen.
- ☐ Reputator.

Unternehmertum

Mark Casson sieht den Unternehmer primär als

- ☐ Träger von Unsicherheit.
- ☐ Innovator.
- ☐ Arbitrageur.
- ■ Koordinator ökonomischer Ressourcen.
- ☐ Reputator.

gewusst ☐

Unternehmertum

Die Koordinationstätigkeit des Casson-Unternehmers führt zu einer ______________________________ Umverteilung knapper Ressourcen.

Unternehmertum

Die Koordinationstätigkeit des Casson-Unternehmers führt zu einer nutzenverbessernden Umverteilung knapper Ressourcen.

Leistungs- versus Finanzprozess

Dem güterwirtschaftlichen Leistungsprozess eines Unternehmens, bestehend (im engeren Sinne) aus Beschaffung, ____________________ und Absatz, steht der finanzwirtschaftliche Prozess aus (im engeren Sinne) Investition und ________________________ gegenüber.

Leistungs- versus Finanzprozess

Dem güterwirtschaftlichen Leistungsprozess eines Unternehmens, bestehend (im engeren Sinne) aus Beschaffung, Produktion und Absatz, steht der finanzwirtschaftliche Prozess aus (im engeren Sinne) Investition und Finanzierung gegenüber.

Leistungs- versus Finanzprozess

Der finanzwirtschaftliche Prozess stellt das buchmäßige, geldliche ______________________ der auf realer, güterwirtschaftlicher Ebene ablaufenden materiellen und immateriellen Vorgänge dar.

Leistungs- versus Finanzprozess

Der finanzwirtschaftliche Prozess stellt das buchmäßige, geldliche Spiegelbild der auf realer, güterwirtschaftlicher Ebene ablaufenden materiellen und immateriellen Vorgänge dar.

Leistungs- versus Finanzprozess

Die Beschaffung und produktive Umwandlung von Faktoren (Realgüter und -leistungen wie menschliche Arbeit, technische Anlagen, Rohstoffe) verzehrt ______________________________ (Finanzgüter) durch (Netto-)Auszahlungen, während die spätere Abgabe von fertigen Produkten an den Absatzmarkt zur Regeneration dieser Ressourcen in Form von ______________________________ führt.

Leistungs- versus Finanzprozess

Die Beschaffung und produktive Umwandlung von Faktoren (Realgüter und -leistungen wie menschliche Arbeit, technische Anlagen, Rohstoffe) verzehrt finanzielle Ressourcen (Finanzgüter) durch (Netto-)Auszahlungen, während die spätere Abgabe von fertigen Produkten an den Absatzmarkt zur Regeneration dieser Ressourcen in Form von (Netto-)Einzahlungen führt.

Leistungs- versus Finanzprozess

Die mit dem güterwirtschaftlichen Leistungsprozess verbundenen Auszahlungen fallen zeitlich ______________ den Einzahlungen an.

gewusst

Leistungs- versus Finanzprozess

Die mit dem güterwirtschaftlichen Leistungsprozess verbundenen Auszahlungen fallen zeitlich <u>vor</u> den Einzahlungen an.

Leistungs- versus Finanzprozess

Bei einer Investition fallen

- ☐ die Einzahlungen vor den Auszahlungen an.
- ☐ die Auszahlungen vor den Einzahlungen an.
- ☐ keine Auszahlungen und Einzahlungen an.
- ☐ alle Auszahlungen und Einzahlungen zur gleichen Zeit an.

Leistungs- versus Finanzprozess

Bei einer Investition fallen

- ☐ die Einzahlungen vor den Auszahlungen an.
- ■ die Auszahlungen vor den Einzahlungen an.
- ☐ keine Auszahlungen und Einzahlungen an.
- ☐ alle Auszahlungen und Einzahlungen zur gleichen Zeit an.

Leistungs- versus Finanzprozess

Da das Fortbestehen eines Unternehmens die jederzeitige ______________________________ (Liquidität) zwingend voraussetzt, ist Finanzierung (Beschaffung von Zahlungsmitteln) erforderlich, d.h. die Herbeiführung von Zahlungsströmen mit einer den Investitionen entgegengesetzten Struktur (also ______________________________ vor Auszahlungen).

Leistungs- versus Finanzprozess

Da das Fortbestehen eines Unternehmens die jederzeitige Zahlungsfähigkeit (Liquidität) zwingend voraussetzt, ist Finanzierung (Beschaffung von Zahlungsmitteln) erforderlich, d.h. die Herbeiführung von Zahlungsströmen mit einer den Investitionen entgegengesetzten Struktur (also Einzahlungen vor Auszahlungen).

Leistungs- versus Finanzprozess

Zum güterwirtschaftlichen Leistungsprozess im weiteren Sinne zählt neben der Beschaffung, der Produktion und dem Absatz auch

- ☐ die (Personal-)Führung und Organisation.
- ☐ das interne Rechnungswesen.
- ☐ die Planung, Entscheidung und Kontrolle aller realen Güterprozesse.
- ☐ das externe Rechnungswesen.

Leistungs- versus Finanzprozess

Zum güterwirtschaftlichen Leistungsprozess im weiteren Sinne zählt neben der Beschaffung, der Produktion und dem Absatz auch

- ■ die (Personal-)Führung und Organisation.
- □ das interne Rechnungswesen.
- ■ die Planung, Entscheidung und Kontrolle aller realen Güterprozesse.
- □ das externe Rechnungswesen.

gewusst

Leistungs- versus Finanzprozess

Da die Unternehmensführung mit dem Unternehmen Gewinn- und ______________________________ verfolgt, benötigt sie als Informationsbasis zur Planungsunterstützung ein monetäres ______________________, welches sowohl die in Geld bewerteten Realgüterprozesse als auch die Zahlungsvorgänge aus dem Investitions- und Finanzierungsbereich zweckadäquat abbildet und somit den Finanzprozess im weiteren Sinne komplettiert.

Leistungs- versus Finanzprozess

Da die Unternehmensführung mit dem Unternehmen Gewinn- und Zahlungsgrößenziele verfolgt, benötigt sie als Informationsbasis zur Planungsunterstützung ein monetäres Rechnungswesen, welches sowohl die in Geld bewerteten Realgüterprozesse als auch die Zahlungsvorgänge aus dem Investitions- und Finanzierungsbereich zweckadäquat abbildet und somit den Finanzprozess im weiteren Sinne komplettiert.

Leistungs- versus Finanzprozess

Für die optimale Steuerung des finanzwirtschaftlichen Prozesses stellen sich

Organisationsfragen,

?,

Entscheidungsfragen,

?

Leistungs- versus Finanzprozess

Für die optimale Steuerung des finanzwirtschaftlichen Prozesses stellen sich

Organisationsfragen,

Planungsfragen,

Entscheidungsfragen,

Kontrollfragen.

Leistungs- versus Finanzprozess

Optimale Investitions- und Finanzierungsentscheidungen setzen optimale güterwirtschaftliche Rahmenpläne voraus, aus denen sich erst die im Finanzprozess zu bewertenden ______________________________ ableiten.

Leistungs- versus Finanzprozess

Optimale Investitions- und Finanzierungsentscheidungen setzen optimale güterwirtschaftliche Rahmenpläne voraus, aus denen sich erst die im Finanzprozess zu bewertenden Zahlungsströme ableiten.

Leistungs- versus Finanzprozess

Finanzielle Restriktionen können in den güterwirtschaftlichen Leistungsprozess zurückwirken, indem sie z.B. den Entscheidungsspielraum und das Ausmaß der Geschäftstätigkeit durch ______________________ beschränken.

Leistungs- versus Finanzprozess

Finanzielle Restriktionen können in den güterwirtschaftlichen Leistungsprozess zurückwirken, indem sie z.B. den Entscheidungsspielraum und das Ausmaß der Geschäftstätigkeit durch Geldmangel beschränken.

Beschaffung

Bei den verbrauchsgebundenen Verfahren der Bedarfsplanung schließt man mit Hilfe von ______________________________ vom Materialverbrauch vergangener Perioden auf den künftigen Verbrauch.

Beschaffung

Bei den verbrauchsgebundenen Verfahren der Bedarfsplanung schließt man mit Hilfe von Prognoseverfahren vom Materialverbrauch vergangener Pericden auf den künftigen Verbrauch.

Beschaffung

Ergänzen Sie die fehlenden Prognoseverfahren bei konstantem Verbrauchsverlauf!

Arithmetischer Mittelwert,

?,

gewogener gleitender Mittelwert,

?

gewusst

Beschaffung

Ergänzen Sie die fehlenden Prognoseverfahren bei konstantem Verbrauchsverlauf!

Arithmetischer Mittelwert,

gleitender Mittelwert,

gewogener gleitender Mittelwert,

exponentielle Glättung erster Ordnung.

Beschaffung

Ihnen werden folgende Daten zur verbrauchsgebundenen Bedarfsplanung gegeben:

Periode t	1	2	3	4	5
Materialverbrauch in Tonnen	81	90	84	87	83

Bestimmen Sie den Prognosewert P^{eg}_6 mit Hilfe des Verfahrens der exponentiellen Glättung erster Ordnung! Nehmen Sie hierzu an, dass der Glättungsfaktor $\alpha = 0{,}2$ beträgt.

Beschaffung

$$P^{eg}_{T+1} = P^{eg}_{T} + \alpha \cdot (V_T - P^{eg}_{T}) = \alpha \cdot V_T + (1-\alpha) \cdot P^{eg}_{T}; \quad \text{mit } 0 \leq \alpha \leq 1$$

Periode t	Verbrauch V_T	Prognosewerte P^{eg}_T für $\alpha = 0{,}2$	Prognosefehler $V_T - P^{eg}_T$
1	81	-	-
2	90	81	9
3	84	82,8[1)]	1,2
4	87	83,04	3,96
5	83	83,832	–0,832
6	Prognose	83,6656	MAA = 3,748[2)]

1) 82,8 = 0,2 · 90 + 0,8 · 81 = 81 + 0,2 · 9
2) MAA = Mittlere Absolute Abweichung = 3,748 = (9 + 1,2 + 3,96 + 0,832)/4

gewusst

Beschaffung

Tendenziell wirken sich unterschiedlich hohe Glättungsfaktoren α wie folgt aus:

$$P_{T+1}^{eg} = P_{T}^{eg} + \alpha \cdot (V_T - P_{T}^{eg}) = \alpha \cdot V_T + (1-\alpha) \cdot P_{T}^{eg}; \quad \text{mit } 0 \leq \alpha \leq 1$$

	„Großes“ α	„Kleines“ α
Berücksichtigung vergangener Verbrauchswerte	?	?
Berücksichtigung aktuellster Verbrauchswerte	?	?
Reaktion auf Niveauverschiebungen	?	?

gewusst

Beschaffung

Tendenziell wirken sich unterschiedlich hohe Glättungsfaktoren α wie folgt aus:

$$P_{T+1}^{eg} = P_T^{eg} + \alpha \cdot (V_T - P_T^{eg}) = \alpha \cdot V_T + (1-\alpha) \cdot P_T^{eg}; \quad \text{mit } 0 \le \alpha \le 1$$

	„Großes“ α	„Kleines“ α
Berücksichtigung vergangener Verbrauchswerte	gering	stark
Berücksichtigung aktuellster Verbrauchswerte	stark	gering
Reaktion auf Niveauverschiebungen	schnell	langsam

gewusst

Beschaffung

Nach der Ermittlung des Materialbedarfs für die Planperiode ist zu überlegen, in welchen ________________________ der festgelegte Bedarf einzukaufen und auf Lager zu nehmen ist, mit dem Ziel, die damit zusammenhängenden Kosten zu ________________________.

gewusst

Beschaffung

Nach der Ermittlung des Materialbedarfs für die Planperiode ist zu überlegen, in welchen Teilmengen der festgelegte Bedarf einzukaufen und auf Lager zu nehmen ist, mit dem Ziel, die damit zusammenhängenden Kosten zu minimieren.

Produktionstheorie

Ergänzen Sie die nachstehende Abbildung!

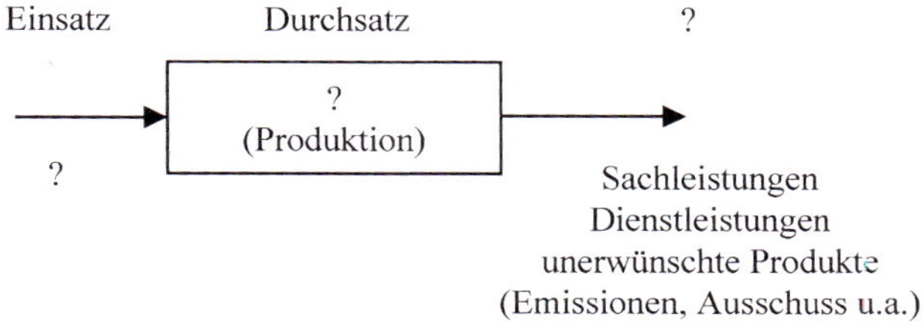

gewusst

Produktionstheorie

Ergänzen Sie die nachstehende Abbildung!

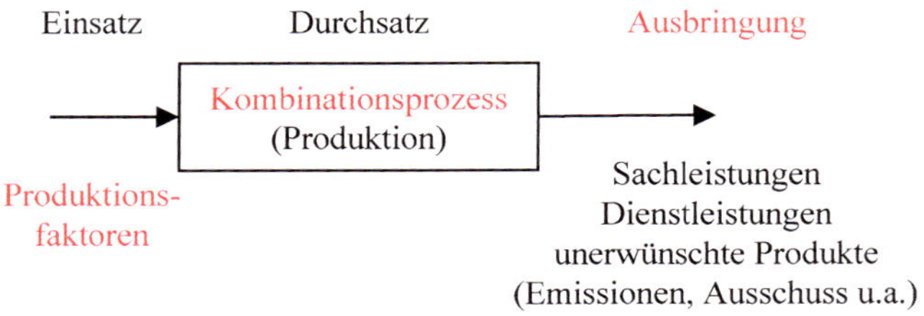

gewusst

Produktionstheorie

Was gibt eine Produktionsfunktion an?

gewusst

Produktionstheorie

Eine Produktionsfunktion gibt den quantitativen Zusammenhang zwischen den zur Leistungserstellung einzusetzenden Produktionsfaktormengen und der Ausbringung an.

Produktionstheorie

Die entscheidenden Vorteile der Gutenberg-Produktionsfunktion gegenüber der Produktionsfunktion vom Typ A bestehen in der

Erfassung limitationaler Faktoreinsatzverhältnisse,

?,

Berücksichtigung der technischen Einflussgrößen „z-Situation“, „Intensität“ und „Einsatzzeit“.

Produktionstheorie

Die entscheidenden Vorteile der Gutenberg-Produktionsfunktion gegenüber der Produktionsfunktion vom Typ A bestehen in der

Erfassung limitationaler Faktoreinsatzverhältnisse,

Annahme mittelbarer Produkt-Faktor-Beziehungen,

Berücksichtigung der technischen Einflussgrößen „z-Situation“, „Intensität“ und „Einsatzzeit“.

Produktionstheorie

Die von Edmund Heinen entwickelte Produktionsfunktion vom Typ C

- ☐ nimmt eine Synthese substitutionaler und limitationaler Faktoreinsatzbeziehungen vor.
- ☐ nimmt keine Synthese substitutionaler und limitationaler Faktoreinsatzbeziehungen vor.
- ☐ lässt Leistungsgradschwankungen zu.
- ☐ lässt keine Leistungsgradschwankungen zu.

gewusst ☐

Produktionstheorie

Die von Edmund Heinen entwickelte Produktionsfunktion vom Typ C

- ■ nimmt eine Synthese substitutionaler und limitationaler Faktoreinsatzbeziehungen vor.
- □ nimmt keine Synthese substitutionaler und limitationaler Faktoreinsatzbeziehungen vor.
- ■ lässt Leistungsgradschwankungen zu.
- □ lässt keine Leistungsgradschwankungen zu.

Produktionstheorie

Die von Edmund Heinen entwickelte Produktionsfunktion vom Typ C

- ☐ betrachtet lediglich die eigentliche Bearbeitungsphase.
- ☐ betrachtet verschiedene Herstellungsphasen wie Anlauf-, Brems-, Stillstands- oder Leerlaufphasen.
- ☐ unterstellt konstant zu haltende Leistungsgrade.
- ☐ unterstellt ausschließlich limitationale Faktoreinsatzbeziehungen.

gewusst ☐

Produktionstheorie

Die von Edmund Heinen entwickelte Produktionsfunktion vom Typ C

- ☐ betrachtet lediglich die eigentliche Bearbeitungsphase.
- ■ betrachtet verschiedene Herstellungsphasen wie Anlauf-, Brems-, Stillstands- oder Leerlaufphasen.
- ☐ unterstellt konstant zu haltende Leistungsgrade.
- ☐ unterstellt ausschließlich limitationale Faktoreinsatzbeziehungen.

Produktionstheorie

Die von Josef Kloock entwickelte Produktionsfunktion vom Typ D

- ☐ betrachtet eine einstufige Einproduktunternehmung.
- ☐ betrachtet einen mehrstufigen Produktionsprozess.
- ☐ beachtet keine Verflechtungen von Produktionsstellen untereinander sowie mit den Beschaffungs- und Absatzlägern.
- ☐ stellt den Einfluss der organisatorischen Beziehungen auf die Produktionsfunktion dar.

Produktionstheorie

Die von Josef Kloock entwickelte Produktionsfunktion vom Typ D

- ☐ betrachtet eine einstufige Einproduktunternehmung.
- ■ betrachtet einen mehrstufigen Produktionsprozess.
- ☐ beachtet keine Verflechtungen von Produktionsstellen untereinander sowie mit den Beschaffungs- und Absatzlägern.
- ■ stellt den Einfluss der organisatorischen Beziehungen auf die Produktionsfunktion dar.

gewusst ☐

Produktionstheorie

Die von Hans-Ulrich Küpper entwickelte Produktionsfunktion vom Typ E

- ☐ ist rein statischer Natur.
- ☐ betrachtet eine einstufige Einproduktunternehmung.
- ☐ berücksichtigt sowohl strukturelle als auch zeitliche Verflechtungen.
- ☐ bezieht in die Produktionsbeziehungen Lagerbestände und ihre Veränderungen sowie Verweilzeiten ein.

Produktionstheorie

Die von Hans-Ulrich Küpper entwickelte Produktionsfunktion vom Typ E

- ☐ ist rein statischer Natur.
- ■ betrachtet eine einstufige Einproduktunternehmung.
- ☐ berücksichtigt sowohl strukturelle als auch zeitliche Verflechtungen.
- ■ bezieht in die Produktionsbeziehungen Lagerbestände und ihre Veränderungen sowie Verweilzeiten ein.

gewusst ☐

Produktionstheorie

Die von Winfried Matthes entwickelte Produktionsfunktion vom Typ F

- ☐ ist auf den Fertigungsbereich beschränkt.
- ☐ integriert ablauforganisatorische Sachverhalte in eine dynamische Produktionsfunktion.
- ☐ integriert finanzwirtschaftliche Sachverhalte in eine dynamische Produktionsfunktion.
- ☐ ist rein statischer Natur.

Produktionstheorie

Die von Winfried Matthes entwickelte Produktionsfunktion vom Typ F

- ☐ ist auf den Fertigungsbereich beschränkt.
- ■ integriert ablauforganisatorische Sachverhalte in eine dynamische Produktionsfunktion.
- ■ integriert finanzwirtschaftliche Sachverhalte in eine dynamische Produktionsfunktion.
- ☐ ist rein statischer Natur.

Kostentheorie

Was versteht man im Fall der Erzeugung einer Ausbringungsmenge auf mehreren Aggregaten unter quantitativer Anpassung?

gewusst

Kostentheorie

Verfügt ein Betrieb über mehrere funktions- und kostengleiche Aggregate, so kann er seine Ausbringung durch den Einsatz stillgelegter Aggregate oder durch die Stilllegung eingesetzter Maschinen erhöhen oder verringern (quantitative Anpassung).

Kostentheorie

Weisen die funktionsgleichen Aggregate unterschiedliche Verbrauchsfunktionen auf, so dass sie zwar noch funktionsgleich, aber ______________________________ sind, dann geht die quantitative Anpassung in den Spezialfall der selektiven Anpassung über.

gewusst

Kostentheorie

Weisen die funktionsgleichen Aggregate unterschiedliche Verbrauchsfunktionen auf, so dass sie zwar noch funktionsgleich, aber kostenverschieden sind, dann geht die quantitative Anpassung in den Spezialfall der selektiven Anpassung über.

Kostentheorie

Gegeben seien die nachstehend beschriebenen Aggregate 1 und 2.

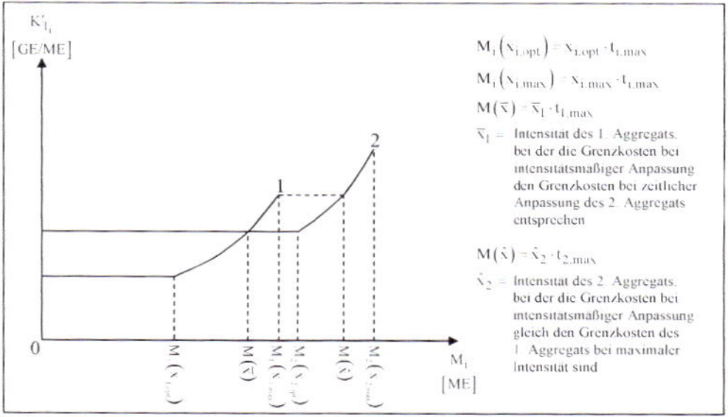

Der optimale Anpassungsprozess lässt sich bei ___________ Anpassung anhand fünf charakteristischer Anpassungsintervalle darstellen.

gewusst

Kostentheorie

Gegeben seien die nachstehend beschriebenen Aggregate 1 und 2.

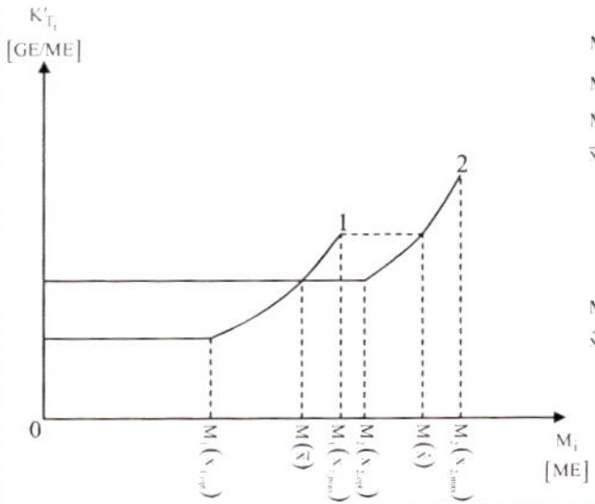

$M_1(x_{1,opt}) = x_{1,opt} \cdot t_{1,max}$

$M_1(x_{1,max}) = x_{1,max} \cdot t_{1,max}$

$M(\bar{x}) = \bar{x}_1 \cdot t_{1,max}$

$\bar{x}_1$ = Intensität des 1. Aggregats, bei der die Grenzkosten bei intensitätsmäßiger Anpassung den Grenzkosten bei zeitlicher Anpassung des 2. Aggregats entsprechen

$M(\hat{x}) = \hat{x}_2 \cdot t_{2,max}$

$\hat{x}_2$ = Intensität des 2. Aggregats, bei der die Grenzkosten bei intensitätsmäßiger Anpassung gleich den Grenzkosten des 1. Aggregats bei maximaler Intensität sind

Der optimale Anpassungsprozess lässt sich bei selektiver Anpassung anhand fünf charakteristischer Anpassungsintervalle darstellen.

Kostentheorie

Gegeben seien die nachstehend beschriebenen Aggregate 1 und 2.

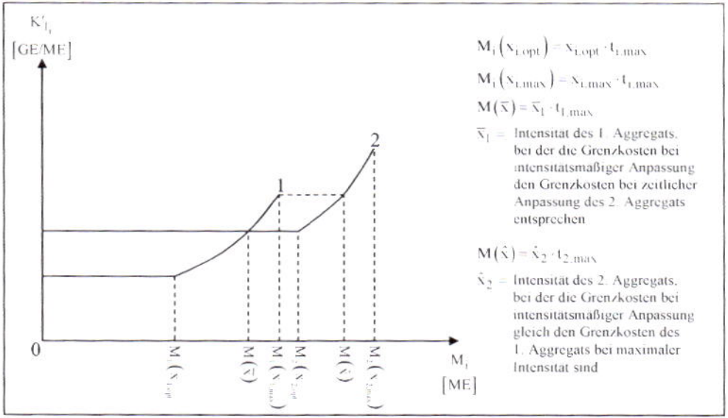

Wie setzt sich die kostenminimale (Gesamt-)Ausbringungsmenge M am Ende des ersten Anpassungsintervalls zusammen?

Kostentheorie

Erstes Anpassungsintervall:

Es wird das Aggregat mit den niedrigsten Grenzkosten (Aggregat 1) bei zeitlicher Anpassung mit optimaler Intensität $x_{1,opt}$ eingesetzt und dessen Ausbringung durch Ausnutzung der gesamten zur Verfügung stehenden Einsatzzeit $t_{1,max}$ erhöht. Die Ausbringungsmenge beträgt am Ende des ersten Anpassungsintervalls demzufolge:

$$M_1(x_{1,opt}) = x_{1,opt} \cdot t_{1,max}.$$

Kostentheorie

Gegeben seien die nachstehend beschriebenen Aggregate 1 und 2.

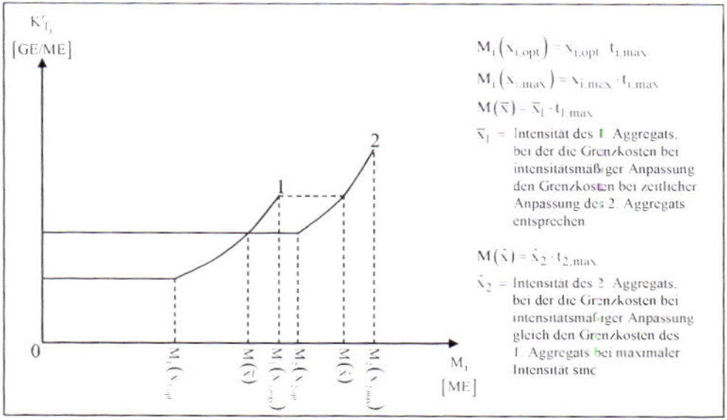

Wie setzt sich die kostenminimale (Gesamt-)Ausbringungsmenge M am Ende des zweiten Anpassungsintervalls zusammen?

Kostentheorie

Zweites Anpassungsintervall:

Durch intensitätsmäßige Anpassung des Aggregats 1 bis zu dem Punkt, an dem die Grenzkosten bei intensitätsmäßiger Anpassung des Aggregats 1 gerade den Grenzkosten bei zeitlicher Anpassung des Aggregats mit den nächsthöheren Grenzkosten (Aggregat 2) entsprechen, produziert Aggregat 1 am Ende des zweiten Intervalls:

$$M_1(\overline{x}_1) = \overline{x}_1 \cdot t_{1,max}.$$

Kostentheorie

Gegeben seien die nachstehend beschriebenen Aggregate 1 und 2.

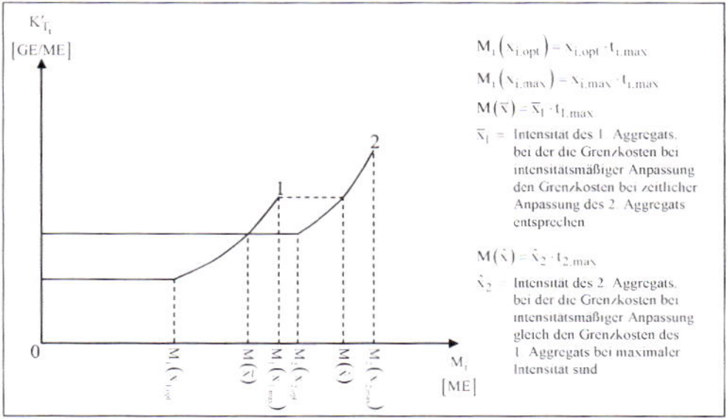

Wie setzt sich die kostenminimale (Gesamt-)Ausbringungsmenge M am Ende des dritten Anpassungsintervalls zusammen?

gewusst

Kostentheorie

Drittes Anpassungsintervall:

Zusätzlich zum ersten Aggregat wird das Aggregat 2 in Betrieb genommen, welches mit der optimalen Intensität $x_{2,opt}$ unter Ausnutzung der gesamten Betriebsmitteleinsatzzeit $t_{2,max}$ eingesetzt wird. Am Ende des zeitlichen Anpassungsintervalls des zweiten Aggregats fertigen beide Aggregate zusammen:

$$M_{1+2} = M_1(\overline{x}_1) + M_2(x_{2,opt})$$
$$= \overline{x}_1 \cdot t_{1,max} + x_{2,opt} \cdot t_{2,max}.$$

gewusst

Kostentheorie

Gegeben seien die nachstehend beschriebenen Aggregate 1 und 2.

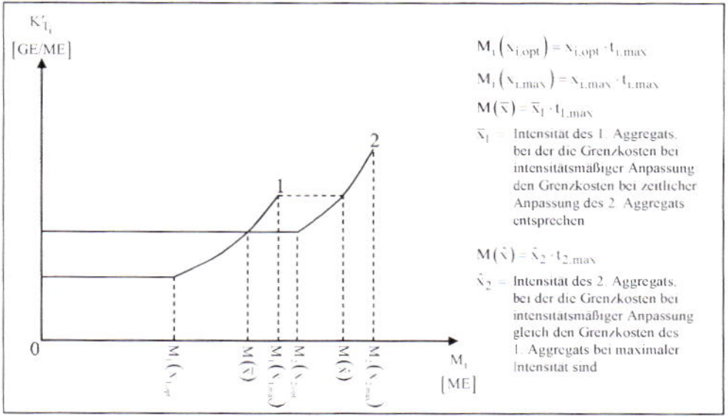

Wie setzt sich die kostenminimale (Gesamt-)Ausbringungsmenge M am Ende des vierten Anpassungsintervalls zusammen?

Kostentheorie

Viertes Anpassungsintervall:

Beide Aggregate sind bei Gleichheit der Grenzkosten intensitätsmäßig anzupassen, und zwar bis eines der Aggregate seine maximale Intensität erreicht hat (Aggregat 1). Am Ende des vierten Anpassungsintervalls setzt sich die Gesamtproduktionsmenge wie folgt zusammen:

$$M_{1+2} = M_1(x_{1,max}) + M_2(\hat{x}_2)$$
$$= x_{1,max} \cdot t_{1,max} + \hat{x}_2 \cdot t_{2,max}.$$

Kostentheorie

Gegeben seien die nachstehend beschriebenen Aggregate 1 und 2.

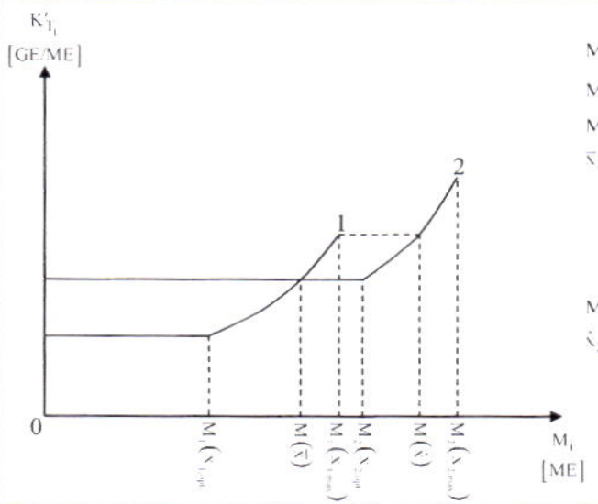

$M_1(x_{1,opt}) = x_{1,opt} \cdot t_{1,max}$

$M_1(x_{1,max}) = x_{1,max} \cdot t_{1,max}$

$M(\bar{x}) = \bar{x}_1 \cdot t_{1,max}$

$\bar{x}_1$ = Intensität des 1. Aggregats, bei der die Grenzkosten bei intensitätsmäßiger Anpassung den Grenzkosten bei zeitlicher Anpassung des 2. Aggregats entsprechen

$M(\hat{x}) = \hat{x}_2 \cdot t_{2,max}$

$\hat{x}_2$ = Intensität des 2. Aggregats, bei der die Grenzkosten bei intensitätsmäßiger Anpassung gleich den Grenzkosten des 1. Aggregats bei maximaler Intensität sind

Wie setzt sich die kostenminimale (Gesamt-)Ausbringungsmenge M am Ende des fünften Anpassungsintervalls zusammen?

gewusst

Kostentheorie

Fünftes Anpassungsintervall:

Die größtmögliche Gesamtausbringungsmenge kann nur erreicht werden, wenn beide Aggregate jeweils mit maximaler Intensität betrieben werden. Die maximale Gesamtausbringungsmenge beläuft sich daher auf:

$$\begin{aligned} M_{1+2} &= M_1(x_{1,max}) + M_2(x_{2,max}) \\ &= x_{1,max} \cdot t_{1,max} + x_{2,max} \cdot t_{2,max}. \end{aligned}$$

gewusst

Kostentheorie

Stellen Sie den Anpassungsprozess sowie den Grenzkostenverlauf bei selektiver Anpassung graphisch dar!

Kostentheorie

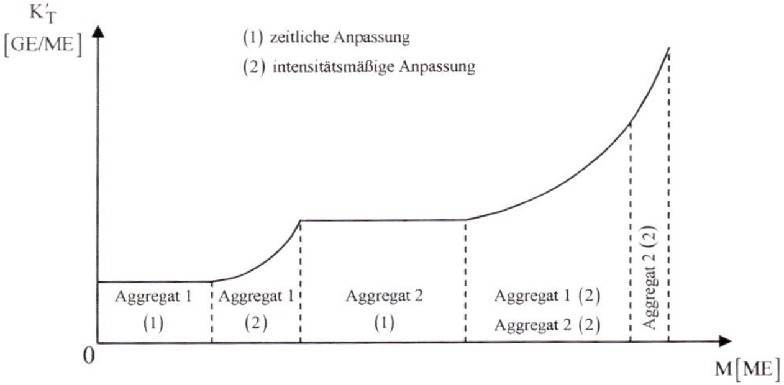

Produktionsprogrammplanung

Im Rahmen der Produktionsprogrammplanung ist von einer Unternehmung eine marktgerechte und zukunftsorientierte Auswahl der in einem bestimmten Zeitraum zu produzierenden Erzeugnisse nach Art und ___________________ zu treffen.

Produktionsprogrammplanung

Im Rahmen der Produktionsprogrammplanung ist von einer Unternehmung eine marktgerechte und zukunftsorientierte Auswahl der in einem bestimmten Zeitraum zu produzierenden Erzeugnisse nach Art und Menge zu treffen.

Produktionsprogrammplanung

Im Rahmen der Produktionsprogrammplanung kann hinsichtlich der Fristigkeit der Planung sowie der Bedeutung der Entscheidungen unterschieden werden in

strategische Produktionsprogrammplanung,

operative Produktionsprogrammplanung,

?

Im Rahmen der Produktionsprogrammplanung kann hinsichtlich der Fristigkeit der Planung sowie der Bedeutung der Entscheidungen unterschieden werden in

strategische Produktionsprogrammplanung,

operative Produktionsprogrammplanung,

taktische Produktionsprogrammplanung.

Produktionsprogrammplanung

Welche Aufgabe obliegt der strategischen Produktionsprogrammplanung?

gewusst

Produktionsprogrammplanung

Der strategischen oder langfristigen Produktionsprogrammplanung obliegt die Aufgabe, durch die Wahl geeigneter Produktfelder Erfolgspotentiale für das Unternehmen und dessen Geschäfts- und Funktionsbereiche aufzubauen, auszubauen und zu erhalten.

Produktionsprogrammplanung

Ein Produktfeld umfasst alle Produkte, die sich auf ein allgemeineres ______________________ zurückführen lassen.

Produktionsprogrammplanung

Ein Produktfeld umfasst alle Produkte, die sich auf ein allgemeineres Grundprodukt zurückführen lassen.

Produktionsprogrammplanung

Worin besteht die Aufgabe der operativen Produktionsprogrammplanung?

gewusst

Produktionsprogrammplanung

Die operative oder mittelfristige Produktionsprogrammplanung hat die Aufgabe, die in strategischen Programmen festgelegten Produktfelder zu konkretisieren.

Produktionsprogrammplanung

Die operative Produktionsprogrammplanung führt zu Entscheidungen über die

Breite des Produktionsprogramms,

?,

benötigten Kapazitäten.

gewusst

Produktionsprogrammplanung

Die operative Produktionsprogrammplanung führt zu Entscheidungen über die

Breite des Produktionsprogramms,

Tiefe des Produktionsprogramms,

benötigten Kapazitäten.

Produktionsprogrammplanung

Welche Aufgabe kommt der taktischen Produktionsprogrammplanung zu?

Produktionsprogrammplanung

Die taktische oder kurzfristige Produktionsprogrammplanung legt die Produktionsmengen der Erzeugnisse des mittelfristigen Rahmenprogramms fest, die bei gegebenen Absatzmöglichkeiten und Produktionskapazitäten der Zielsetzung (in der Regel Gewinnmaximierung) genügen.

Absatz

Werbung ist als

- ☐ unabsichtliche und zwangfreie Beeinflussung von (potentiellen) Kunden zu verstehen.
- ☐ absichtliche und zwangfreie Beeinflussung von (potentiellen) Kunden zu verstehen.
- ☐ absichtliche und gewaltsame Beeinflussung von (potentiellen) Kunden zu verstehen.
- ☐ unabsichtliche und gewaltsame Beeinflussung von (potentiellen) Kunden zu verstehen.

Absatz

Werbung ist als

- ☐ unabsichtliche und zwangfreie Beeinflussung von (potentiellen) Kunden zu verstehen.
- ■ absichtliche und zwangfreie Beeinflussung von (potentiellen) Kunden zu verstehen.
- ☐ absichtliche und gewaltsame Beeinflussung von (potentiellen) Kunden zu verstehen.
- ☐ unabsichtliche und gewaltsame Beeinflussung von (potentiellen) Kunden zu verstehen.

Absatz

Die grundsätzlichen Probleme der Werbeplanung lassen sich in drei Punkten zusammenfassen:

Festlegung der Werbeziele und Zielgruppen,

?,

Festlegung der Werbeobjekte, Werbemittel und Werbeträger.

Absatz

Die grundsätzlichen Probleme der Werbeplanung lassen sich in drei Punkten zusammenfassen:

Festlegung der Werbeziele
und Zielgruppen,

Bestimmung der Höhe
des Werbeetats,

Festlegung der Werbeobjekte, Werbemittel
und Werbeträger.

Absatz

Die Festlegung der Werbeziele soll helfen, die im Rahmen der Werbeplanung zu ergreifenden Maßnahmen zu

______________________________.

Absatz

Die Festlegung der Werbeziele soll helfen, die im Rahmen der Werbeplanung zu ergreifenden Maßnahmen zu kanalisieren.

Absatz

Bei der Festlegung der Werbeziele wird üblicherweise unterschieden in

ökonomische Werbeziele,

?

Absatz

Die Absatzbemühungen können durchgeführt werden mittels

ökonomische Werbeziele,

außerökonomische Werbeziele.

Absatz

Ökonomische Werbeziele beziehen sich auf Größen wie

Gewinn,

?,

Kosten,

?

gewusst

Absatz

Ökonomische Werbeziele beziehen sich auf Größen wie

Gewinn,

Umsatz,

Kostenerfolg,

Marktanteil.

gewusst

Absatz

Außerökonomische Werbeziele sind auf die Schaffung bestimmter ______________________ Wirkungen gerichtet, weshalb sie der Tatsache Rechnung tragen, dass positive Werbewirkungen schon im ____________________ der eigentlichen Kaufhandlung eintreten können.

gewusst

Absatz

Außerökonomische Werbeziele sind auf die Schaffung bestimmter psychologischer Wirkungen gerichtet, weshalb sie der Tatsache Rechnung tragen, dass positive Werbewirkungen schon im Vorstadium der eigentlichen Kaufhandlung eintreten können.

Absatz

Warum ist es wichtig, im Rahmen der Kommunikationspolitik die Zielgruppen genau festzulegen?

gewusst

Absatz

Die Werbebotschaft kann nur dann psychologische Wirkung erzielen und so den Kaufakt auslösen, wenn die Umworbenen überhaupt als potentielle Nachfrager in Frage kommen. In diesem Sinn sollten Zielgruppen gebildet werden, die homogener auf entsprechende Werbebotschaften reagieren als der Gesamtmarkt. Eine solche Abgrenzung kann z.B. nach demographischen, geographischen oder psychographischen Kriterien erfolgen.

Absatz

Als Werbeetat bezeichnet man einen periodisch aufgestellten Plan, in dem die der Werbung zur Verfügung stehenden ____________________ Mittel im Voraus für einen bestimmten Zeitraum festgelegt werden.

Absatz

Als Werbeetat bezeichnet man einen periodisch aufgestellten Plan, in dem die der Werbung zur Verfügung stehenden finanziellen Mittel im Voraus für einen bestimmten Zeitraum festgelegt werden.

Absatz

Die Bestimmung der Höhe des Werbeetats erfolgt mittels

heuristischer Verfahren,

?

Absatz

Die Bestimmung der Höhe des Werbeetats erfolgt mittels

heuristischer Verfahren,

Optimierungsverfahren.

Absatz

Als Orientierungsgröße zur Bestimmung des Werbeetats verwenden die in der Praxis angewendeten Verfahren

den Umsatz oder Gewinn,

?,

die Höhe der verfügbaren finanziellen Mittel,

?

Absatz

Als Orientierungsgröße zur Bestimmung des Werbeetats verwenden die in der Praxis angewendeten Verfahren

den Umsatz oder Gewinn,

den Werbeetat der Konkurrenz,

die Höhe der verfügbaren finanziellen Mittel,

ein bestimmtes operationales Werbeziel.

Absatz

Im Rahmen der Festlegung der Werbeobjekte sind die Objekte, für die ____________________ werden soll, zu identifizieren.

Absatz

Im Rahmen der Festlegung der Werbeobjekte sind die Objekte, für die geworben werden soll, zu identifizieren.

Absatz

Als Werbeobjekte kommen beispielsweise in Betracht:

einzelne Produkte (Produktwerbung),

?

Absatz

Als Werbeobjekte kommen beispielsweise in Betracht:

einzelne Produkte (Produktwerbung),

das Unternehmen als Ganzes
(Firmenwerbung).

Absatz

Was versteht man unter einem Werbemittel?

Absatz

Unter einem Werbemittel werden alle Ausdrucksformen verstanden, in denen die Werbebotschaft konkretisiert und dargestellt wird. In den Werbemitteln nimmt die Werbebotschaft also ihre mitteilungsfähige Form an.

Absatz

Als Werbemittel kommen z.B. in Betracht:

Musik,

?,

das gesprochene bzw. geschriebene Wort,

?

Absatz

Als Werbemittel kommen z.B. in Betracht:

Musik,

das Bild,

das gesprochene bzw. geschriebene Wort,

eine besondere Handlung.

Absatz

Der Begriff Werbeträger umfasst die Gesamtheit aller Subjekte (z.B. Reisende, Handelsvertreter) und ____________________ (z.B. Zeitungen, Rundfunk, Fernsehen, Kinos, Plakatwände, Litfaßsäulen), welche die Werbemittel an die Zielpersonen heranführen.

Absatz

Der Begriff Werbeträger umfasst die Gesamtheit aller Subjekte (z.B. Reisende, Handelsvertreter) und Objekte (z.B. Zeitungen, Rundfunk, Fernsehen, Kinos, Plakatwände, Litfaßsäulen), welche die Werbemittel an die Zielpersonen heranführen.

Absatz

Werbeträger stellen durch die Übermittlung der Werbebotschaft das ______________________ zwischen dem werbetreibenden Unternehmen und dem Umworbenen dar.

gewusst

Absatz

Werbeträger stellen durch die Übermittlung der Werbebotschaft das Bindeglied zwischen dem werbetreibenden Unternehmen und dem Umworbenen dar.

Organisation

Was ist im Rahmen der betriebswirtschaftlichen Organisationslehre unter Ablauforganisation zu verstehen?

gewusst

Organisation

Ziel der Ablauforganisation (Prozessstrukturierung) ist es, den mit der Aufbauorganisation vorgegebenen Rahmen auszufüllen, weshalb die sinnvolle zeitliche und räumliche Strukturierung der für die betriebliche Aufgabenerfüllung notwendigen Arbeitsprozesse als Aufgabe der Ablauforganisation anzusehen ist.

Organisation

Hinsichtlich der Ablauforganisation wird unterschieden zwischen der

Arbeitsanalyse,

?

gewusst

Organisation

Hinsichtlich der Ablauforganisation wird unterschieden zwischen der

Arbeitsanalyse,

Arbeitssynthese.

Organisation

Die Arbeitsanalyse setzt an den als Elementaraufgaben bezeichneten Teilaufgaben niedrigster Ordnung an und zerlegt diese sukzessive in ________________________.

Organisation

Die Arbeitsanalyse setzt an den als Elementaraufgaben bezeichneten Teilaufgaben niedrigster Ordnung an und zerlegt diese sukzessive in Arbeitsteile.

Organisation

In der sich an die Arbeitsanalyse anschließenden Arbeitssynthese werden die ______________________ gestaltet.

Organisation

In der sich an die Arbeitsanalyse anschließenden Arbeitssynthese werden die Arbeitsprozesse gestaltet.

Organisation

Was ist im Rahmen der Arbeitssynthese unter einer Koordination von Abläufen zu verstehen?

gewusst

Organisation

Koordination beinhaltet die Abstimmung der Pläne der einzelnen Teilbereiche und der damit verbundenen betrieblichen Arbeitsabläufe in Hinblick auf eine übergeordnete Unternehmenszielsetzung.

Organisation

Eine Koordination von Abläufen kann grundsätzlich durch folgende Instrumente erreicht werden:

Koordination durch persönliche Weisung,

?,

Koordination durch Pläne (Budgets),

?,

Koordination durch Selbstabstimmung.

gewusst

Organisation

Eine Koordination von Abläufen kann grundsätzlich durch folgende Instrumente erreicht werden:

Koordination durch persönliche Weisung,

Koordination durch Standardisierung,

Koordination durch Pläne (Budgets),

Koordination durch Verrechnungspreise (Lenkpreise),

Koordination durch Selbstabstimmung.

Organisation

Erläutern Sie, wie im Rahmen der Aufgabensynthese eine Koordination durch persönliche Weisung erfolgt!

gewusst

Organisation

Sie erfolgt über ein hierarchisches Leitungssystem, in welchem Instanzen mit Entscheidungs- und Weisungsrechten ausgestattet werden, um der Koordinationsaufgabe gerecht werden zu können. Auftretende Koordinationsprobleme werden in der Hierarchie nach oben weitergeleitet, bis die für die zu koordinierenden Bereiche entscheidungsbefugte Stelle als gemeinsame Instanz erreicht ist. Diese übergeordnete Stelle löst das Koordinationsproblem durch persönliche Weisung auf.

Organisation

Im Rahmen der Koordination durch Standardisierung werden für sich in gleicher oder ähnlicher Weise wiederholende Abläufe bestimmte Verhaltensvorschriften festgelegt, in denen der Wille der ________________________ niedergelegt ist.

Organisation

Im Rahmen der Koordination durch Standardisierung werden für sich in gleicher oder ähnlicher Weise wiederholende Abläufe bestimmte Verhaltensvorschriften festgelegt, in denen der Wille der Unternehmensleitung niedergelegt ist.

Organisation

Erläutern Sie, wie im Rahmen der Aufgabensynthese eine Koordination durch Pläne (Budgets) erfolgt!

Organisation

Die Koordination erfolgt bereits im Rahmen der Planung, die systematisch erarbeitete (Soll-)Vorgaben (z.B. Handlungsziele oder Budgets) für die zukünftigen Handlungen bestimmter Teilbereiche im Unternehmen festlegt. Diese Vorgaben schränken den Handlungsspielraum des betroffenen Teilbereichs ein, weshalb sich Budgets als restriktionssetzende Instruktionen ansehen lassen.

Organisation

Was ist das Charakteristikum einer Koordination durch Verrechnungspreise (Lenkpreise)?

Organisation

Die Koordinationsinstanz schränkt die Verwendung der teilbereichsübergreifend genutzten knappen Ressourcen nicht ein, sondern verlangt von den betroffenen Teilbereichen die Zahlung eines Verrechnungspreises pro Einheit der genutzten knappen Ressource. Damit soll die Zielfunktion der Teilbereiche so beeinflusst werden, dass die Maximierung der einzelnen Bereichsgewinne zugleich auch den Gesamtgewinn des Unternehmens maximiert.

Organisation

Was ist unter Verrechnungspreisen zu verstehen, und wozu dienen sie?

Organisation

Allgemein handelt es sich bei Verrechnungspreisen um Wertansätze für innerbetrieblich ausgetauschte Leistungen und teilbereichsübergreifend genutzte knappe Ressourcen. Sie dienen der Koordination zwischen den Teilbereichen eines Unternehmens im Hinblick auf die Erfüllung des übergeordneten Unternehmensziels.

Organisation

Die Idee der Koordination durch Verrechnungspreise geht auf Eugen Schmalenbach zurück, der dafür den Begriff der ______________________ Lenkung prägte.

Organisation

Die Idee der Koordination durch Verrechnungspreise geht auf Eugen Schmalenbach zurück, der dafür den Begriff der pretialen Lenkung prägte.

Organisation

Erläutern Sie, wie im Rahmen der Aufgabensynthese eine Koordination durch Selbstabstimmung vonstatten geht!

Organisation

Die Koordinationsaufgaben werden von den betroffenen Personen als Gruppenaufgabe wahrgenommen. Sie erfolgt als horizontale Koordination auf der Grundlage einer nichthierarchischen Kommunikation und durch eine direkte Kontaktaufnahme. Die Selbstabstimmung kann dabei völlig der Eigeninitiative der Gruppenmitglieder überlassen sein; sie kann aber auch durch organisatorische Regelungen unterstützt werden.

Organisation

Bei einer Koordination durch Selbstabstimmung können sich die organisatorischen Regelungen beziehen auf

die Vorgabe abstimmungsbedürftiger Probleme,

?

gewusst

Organisation

Bei einer Koordination durch Selbstabstimmung können sich die organisatorischen Regelungen beziehen auf

die Vorgabe abstimmungsbedürftiger Probleme,

die formale Einrichtung von Komitees, Ausschüssen, Arbeitskreisen etc.

Personal

Planungsfelder im Zusammenhang mit Personal sind

?,

die Personalbeschaffung,

?,

der Personaleinsatz,

?

Personal

Planungsfelder im Zusammenhang mit Personal sind

der Personalbedarf,

die Personalbeschaffung,

die Personalauswahl,

der Personaleinsatz,

die Personalentlohnung.

Personal

Ziel der Personalbedarfsplanung ist die Sicherstellung der Verfügbarkeit von Mitarbeitern in der für die Leistungserstellung notwendigen Anzahl und

__________________________.

Personal

Ziel der Personalbedarfsplanung ist die Sicherstellung der Verfügbarkeit von Mitarbeitern in der für die Leistungserstellung notwendigen Anzahl und Qualifikation.

Personal

In welchen drei Schritten erfolgt die Personalbedarfs-
planung?

gewusst

Personal

1. Ermittlung des zukünftigen Brutto-Personalbedarfs,
2. Prognose des zukünftigen Personalbestands,
3. Gegenüberstellung des zukünftigen Brutto-Personalbedarfs und des künftigen Personalbestands.

Personal

Der Brutto-Personalbedarf lässt sich zum einen in den Einsatzbedarf und zum anderen in den ______________________________ unterteilen.

Personal

Der Brutto-Personalbedarf lässt sich zum einen in den Einsatzbedarf und zum anderen in den Reservebedarf unterteilen.

Personal

Die Grundlage, um den Personalbestand für den Planungszeitraum abzuschätzen, bildet die sogenannte

- ☐ Abgangs-Abgangs-Rechnung.
- ☐ Zugangs-Zugangs-Rechnung.
- ☐ Abgangs-Zugangs-Rechnung.

Personal

Die Grundlage, um den Personalbestand für den Planungszeitraum abzuschätzen, bildet die sogenannte

- ☐ Abgangs-Abgangs-Rechnung.
- ☐ Zugangs-Zugangs-Rechnung.
- ■ Abgangs-Zugangs-Rechnung.

Personal

Die Differenz zwischen dem zukünftigen Brutto-Personalbedarf und dem künftigen Personalbestand ergibt entweder einen zu deckenden Netto-Personalbedarf oder einen abzubauenden ______________________.

Personal

Die Differenz zwischen dem zukünftigen Brutto-Personalbedarf und dem künftigen Personalbestand ergibt entweder einen zu deckenden Netto-Personalbedarf oder einen abzubauenden Personalüberhang.

Personal

Während der Netto-Personalbedarf den Ausgangspunkt der ________________________________ darstellt, muss der Personalüberhang im Rahmen der Personalabbauplanung beseitigt werden.

Personal

Während der Netto-Personalbedarf den Ausgangspunkt der Personalbeschaffungsplanung darstellt, muss der Personalüberhang im Rahmen der Personalabbauplanung beseitigt werden.

Führung

Anhand welcher vier Kriterien wird der Begriff Personalführung charakterisiert?

- ☐ Verhaltensbeeinflussung, Akzeptanz, Intentionalität, Vermittelbarkeit.
- ☐ Verhaltensbeeinflussung, Ablehnung, Intentionalität, (Un-)Mittelbarkeit.
- ☐ Verhaltensbeeinflussung, Akzeptanz, Intentionalität, (Un-)Mittelbarkeit.
- ☐ Verhaltensbeeinflussung, Akzeptanz, Zufall, (Un-)Mittelbarkeit.

Führung

Anhand welcher vier Kriterien wird der Begriff Personalführung charakterisiert?

- ☐ Verhaltensbeeinflussung, Akzeptanz, Intentionalität, Vermittelbarkeit.
- ☐ Verhaltensbeeinflussung, Ablehnung, Intentionalität, (Un-)Mittelbarkeit.
- ■ Verhaltensbeeinflussung, Akzeptanz, Intentionalität, (Un-)Mittelbarkeit.
- ☐ Verhaltensbeeinflussung, Akzeptanz, Zufall, (Un-)Mittelbarkeit.

Führung

Die Verhaltensbeeinflussung kann sich entweder als ein durch die Führung verhindertes oder durch sie ______________________ Verhalten zeigen.

Führung

Die Verhaltensbeeinflussung kann sich entweder als ein durch die Führung verhindertes oder durch sie bewirktes Verhalten zeigen.

Führung

Die Art der Verhaltensbeeinflussung des Führers ist dabei ebenso offen wie das ______________________ der Wirkung beim Geführten.

Führung

Die Art der Verhaltensbeeinflussung des Führers ist dabei ebenso offen wie das Ausmaß der Wirkung beim Geführten.

Führung

Wovon hängt es ab, ob eine Person als Führer akzeptiert wird?

gewusst

Führung

Die Akzeptanz einer Person als Führer hängt von den Geführten ab. Entscheidend ist nicht, dass der Führer bestimmte Merkmale oder Verhaltensweisen tatsächlich besitzt, sondern ob sie ihm zugeschrieben werden können. Die Wahrnehmung der Geführten trägt in diesem Zusammenhang keine willkürlichen Züge, sondern hängt davon ab, ob das Verhalten der zu klassifizierenden Person mit der Vorstellung des Geführten vom idealtypischen Führer übereinstimmt.

Führung

Das Kriterium der Akzeptanz grenzt die Begriffe Führer und ________________________ voneinander ab.

Führung

Das Kriterium der Akzeptanz grenzt die Begriffe Führer und Vorgesetzter voneinander ab.

Führung

Grenzen Sie die Begriffe Leitungs- und Führungsbeziehung voneinander ab!

Führung

Weist Person A eine Leitungsbeziehung zu einer Person B auf, dann ist sie dieser vorgesetzt. Wird indes der Führungsanspruch von A seitens B negiert, liegt keine Führungsbeziehung vor, da keine Beeinflussung von B aufgrund sozial akzeptierten Verhaltens erfolgt. Akzeptiert Person B hingegen den Führungsanspruch von Person A, besteht sowohl eine Leitungs- als auch eine Führungsbeziehung.

Führung

Sind A und B gleichgestellt und wird ein eventueller Führungsanspruch von A durch B akzeptiert, so liegt

- ☐ sowohl eine Leitungs- als auch eine Führungsbeziehung vor.
- ☐ weder eine Leitungs- noch eine Führungsbeziehung vor.
- ☐ eine Führungs-, aber keine Leitungsbeziehung vor.
- ☐ eine Leitungs-, aber keine Führungsbeziehung vor.

Führung

Sind A und B gleichgestellt und wird ein eventueller Führungsanspruch von A durch B akzeptiert, so liegt

- ☐ sowohl eine Leitungs- als auch eine Führungsbeziehung vor.
- ☐ weder eine Leitungs- noch eine Führungsbeziehung vor.
- ■ eine Führungs-, aber keine Leitungsbeziehung vor.
- ☐ eine Leitungs-, aber keine Führungsbeziehung vor.

Führung

Was versteht man unter der Intentionalität der Führung?

Führung

Die Verhaltensbeeinflussung muss vom Führer intendiert sein. Das heißt, Führung ist beabsichtigt und zielt auf die Erreichung unternehmerischer Ziele ab.

Führung

Das Kriterium der (Un-)Mittelbarkeit der Führung weist sowohl eine zeitliche als auch eine ________________ Dimension auf.

Führung

Das Kriterium der (Un-)Mittelbarkeit der Führung weist sowohl eine zeitliche als auch eine inhaltliche Dimension auf.

Führung

Hinsichtlich der zeitlichen Dimension des Kriteriums der (Un-)Mittelbarkeit der Führung kann die Verhaltensbeeinflussung durch den Führer sofort oder ________________ greifen.

Führung

Hinsichtlich der zeitlichen Dimension des Kriteriums der (Un-)Mittelbarkeit der Führung kann die Verhaltensbeeinflussung durch den Führer sofort oder später greifen.

Führung

Worauf stellt die inhaltliche Dimension des Kriteriums der (Un-)Mittelbarkeit der Führung ab?

gewusst

Führung

Die inhaltliche Dimension des Kriteriums der (Un-)Mittelbarkeit der Führung stellt auf das Medium der Verhaltensbeeinflussung ab. Diese kann sich direkt durch den Führer oder indirekt durch ein anderes Medium (Personen, Kommunikationsmittel) vollziehen, welches die Verhaltensbeeinflussung dem Geführten erkennbar macht.